Geschichten

aus der Reihe
„Perlen unserer Erinnerung"

Täuscht der schöne Schein?

Carmen Sabernak (Hrsg.)

Bibliografische Information der Deutschen Nationalbibliothek:

Die Deutsche Nationalbibliothek verzeichnet diese Publikation in der Deutschen Nationalbibliografie; detaillierte bibliografische Daten sind im Internet über dnb.d.nb.de abrufbar.

Impressum

2018 © Carmen Sabernak, alle Rechte vorbehalten

Herstellung und Verlag:

BoD - Books on Demand, Norderstedt

Satz und Layout:

Nicole Mewes

Bildnachweise:

© by-studio © sonne fleckl - Fotolia.com
© Nicole Mewes - Privatarchiv

ISBN: 9783748111948

Inhalt

Vorwort

Carmen Sabernak hatte die Idee, die Erinnerungen unterschiedlicher Menschen zu sammeln.

Erinnerungen, die wertvoll wie Perlen sind. Sie fragte in der Teltower AWO-Gruppe nach und es fanden sich schnell MitstreiterInnen.

Einmal im Monat trafen sie sich, tauschten Erinnerungen aus, lasen aus ihren Geschichten und verbrachten schöne gemeinsame Stunden. So wurde recht schnell der Entschluss gefasst, diese „Perlen unserer Erinnerungen" in kleinen Büchern aufzubewahren.

Die Geschichten sind so unterschiedlich, wie die Menschen, die sie erlebt haben. Einzelne Geschichten wurden zum Teil schon vor einigen Jahren verfasst. Deshalb finden sich teilweise auch noch Texte in der alten Rechtschreibung. Diese wurden absichtlich nicht angepasst, denn es sind Perlen aus der betreffenden Zeit.

Wir wünschen Ihnen ebenso viel Vergnügen beim Lesen, wie wir Freude hatten, das Buch zu gestalten.

Herzliche Grüße
das AutorInnenteam

Glück - was ist das?

Was ist das - „Glück"? Ganze Bibliotheken voll sind zu diesem Thema geschrieben und verfasst worden. Es ist der Sehnsuchtszustand der Menschen, schlechthin. Die kleinen, schönen Momente im Leben können es sein, die uns glücklich machen. Etwa wenn sich eine neue Tür öffnet, nachdem eine andere geschlossen wurde.

So ist es geschehen.

Ich war 11 Jahre alt und lebte in einer kleinen Stadt in Sachsen, also in der ehemaligen DDR. Meine Freundin Helen (ich nenne sie hier so) und ich waren „dicke Freundinnen" und in der gleichen Schulklasse. Auch außerhalb der Schule waren wir oft beieinander.
Helen war etwas Besonderes, denn ihr Vater lebte in der Schweiz. Und sie, ihre Mutter und ihre Schwester hatten, glaube ich, zwei Pässe. Jedenfalls „durfte" Helen in den Ferien immer zu ihrem Vater reisen. Für mich und alle anderen unvorstellbar, was für ein Privileg! Und dann kam die Sensation. Helen und ihre Familie durften für immer ausreisen, in dieses Traumland, das für uns unerreichbar war und paradiesisch

schien. Der Abschied kam, Tränen flossen und die Versprechungen immer in Kontakt zu bleiben....

Einige Jahre war das auch so. Schöne Karten von Klassenfahrten etc., Briefe und Bilder gingen hin und her. Helen war weit weg. Irgendwann brach der Kontakt ab. Wir verloren uns aus den Augen. Das Leben, die Trennung in zwei so unterschiedliche Systeme und die Zeit taten das ihre. Aber aus meinen Gedanken war Helen nicht. Oft habe ich an sie gedacht, hätte so gerne gewusst was aus ihr geworden ist, wo sie lebt.

Und dann kam der 3. Oktober 1990 – der Glückstag, die Einheit! Demokratie, Reisefreiheit ... diese unbeschreiblichen Gefühle und Hoffnungen. Und wieder der Gedanke an Helen.

Im Winter 1998 fuhren wir nach Österreich. In einem schönen Hotel in Mayrhofen lernten wir Hans und Gerti (auch sie nenne ich hier so) Alders kennen. Die Beiden wollten so viel wissen von unserem Leben in der DDR, vor der Wende. Sie waren so interessiert. Wir erzählten viele Stunden, weil wir spürten, ihr Interesse war echt. Vieles hörte sich für die Beiden wie aus einer anderen Welt an. Sie kamen aus ganz „normalen" Familien, hatten bodenständige Berufe und zwei Kinder, genau wie wir. Wir wollten diese zwei netten Leute auch in keinster Weise mit unserer Biografie „zutexten". Dann erzählte ich aber doch von meiner Freundin Helen. Hans sagte: „Ich suche Ihre Freundin und wenn sie noch in der Schweiz lebt, finde ich sie auch – ganz sicher"! Es war mir peinlich, ich wollte diesen fremden Menschen keine Umstände machen. Hans und Gerti Alders waren entschlossen, die Suche nach Helen zu starten. Mit Erfolg!

Wenige Wochen nachdem wir wieder zu Hause waren kam der Anruf von (damals noch) Herrn Alders: „Helen lebt in Bern und ist zu einem Treffen bereit". Ich suchte alte Post und Bilder aus Tagen unserer Mädchenfreundschaft zusammen und wir planten die Reise in die Schweiz. Welche Freude, welche Erwartungen! Nach so vielen Jahren – Helen! Wir waren reife, erfahrene Frauen geworden und ich wollte an Kindertage anknüpfen... Oh, ich würde sie so Vieles fragen wollen.

Dann endlich war es soweit. Ich habe sie gleich erkannt, ziemlich groß, schlank, blond. Das alles war sie damals schon. – Helen und ich – .
Wir verbrachten einen ganzen Tag miteinander in Bern.

Auf dem Rückweg nach Zürich zu den lieben Alders, die uns angeboten hatten bei ihnen zu übernachten, entlud sich die ganze Enttäuschung über dieses Wiedersehen.

Ein ganz anderer, fremder Mensch stand mir gegenüber: kühl, distanziert, wenig interessiert. Wo war meine herzliche Helen, meine Freundin? Nichts von all meinem Hoffen trat ein. Das Leben in zwei unterschiedlichen Welten hatte uns entzweit. Ich weinte. Gerti und Hans Alders spürten die Enttäuschung. Wir, mein Mann, der mit in Bern war, und ich erzählten ihnen was wir erlebt hatten. Sie waren so herzlich, das ganze Gegenteil von dem was wir mit Helen am Tag davor erlebt hatten. Ich wusste, es würde kein Wiedersehen, ja nicht einmal einen Kontakt mit Helen mehr geben.

Hans sagte dann beim Frühstück den Satz, der für unsere Freundschaft bis heute die Basis ist:
„Sei nicht traurig, Du hast sie verloren, aber uns hast Du gewonnen".

Eine Tür wurde geschlossen und eine neue tat sich auf.

Das ist Glück!

Viele Jahre nun verbindet uns eine wunderbare Freundschaft mit Hans und Gerti und wir sind dankbar für dieses Glück.

Margrit Prauß

Eva-Maria Kluck

Gestatten Sie, dass ich mich erst einmal vorstelle. Mein Name ist Eva-Maria Kluck, Jahrgang 1935. Witwe, Rentnerin oder wie man jetzt sagt: "Seniorin".

Die ersten dreiundsechzig Jahre meines Lebens verbrachte ich, nachdem ich in Berlin-Dahlem das Licht der Welt erblickte, in Kleinmachnow. Wurde aber dann Stahnsdorfer Bürgerin. Grund: Mein Lebensgefährte ist Stahnsdorfer. Ich bin also kein ausgebürgertes Wendeopfer.

Beruf: "Wirtschaftskaufmann" laut Zertifikat, nach jetzigem Sprachgebrauch: "Wirtschaftskauffrau". In dieser Eigenschaft habe ich fünfundzwanzig Jahre lang das Gesundheitswesen heimgesucht. Die letzten Jahre als Leiterin des Seniorenbüros.

Nebenbei, so seit 1964, habe ich das Alltagsgeschehen meines Umfeldes glossiert. Meine kleinen bissigen Artikel wurden auch alle von der Presse veröffentlicht. Hat mich manchmal richtig gewundert. Nach der Wende schrieb ich hin und wieder Artikel, die auch immer veröffentlicht wurden. Einmal konnte ich sogar im Rahmen eines Leserwettbewerbs einen Preis an Land ziehen.

Für das Gesundheitszentrum Teltow erstellte ich vier Ausgaben des Gesundheitszentrum - Magazins. Angefangen vom Layout bis zur Druckreife. Diese Arbeit hat mir viel Freude bereitet.

Da ich es auch im fortgeschrittenen Alter immer noch nicht lassen kann, mich schriftlich mit dem Geschehen des Alltags auseinander zu setzen, habe ich nachstehende Kurzgeschichte, die in allen Punkten auf den Erfahrungen meines Lebensgefährten und mir beruht, zu Papier gebracht.

Sollten Sie sich die Zeit nehmen und die folgenden Seiten lesen, wünsche ich Ihnen viel Spaß und vielleicht etwas Nachdenklichkeit.

Eva-Maria Kluck, Mai 2005

Erfahrungen des Rentnerdaseins in einer modernen Dimension

Eigentlich fing alles ganz harmlos an und ist im Grunde die Folge unseres Alters. Vor drei Jahren haben wir, mein Lebensgefährte und ich, das wohlverdiente Rentenalter erreicht. Endlich können wir nun das tun, was wir uns schon immer mal vorgenommen hatten! Denkste!

Wenn einer sagt, dass er nur darauf gewartet hat endlich nicht mehr zum Dienst zu müssen, ich glaube inzwischen, der lügt!

Jahrzehnte lang lief das Leben in geregelten Bahnen und jetzt, wo man meint endlich länger schlafen zu können, wacht man jeden Tag früh um die gleiche Zeit auf und überlegt, was man wohl noch so alles mit den Kollegen hätte erledigen können.

Aber schließlich hat man ja wenigstens Zeit in Ruhe die Zeitung zu lesen. Eine? Nee, alles was da irgendwie im Briefkasten landete, wurde regelrecht durchgearbeitet. Eine Frage, von schon länger dem Rentnerdasein frönenden Bekannten, ob wir mit zu einer Werbefahrt kommen wollten, lehnten wir empört ab. Schon der Gedanke war verwerflich.

Da man aber schließlich seinen Geist wach halten soll, begannen wir alle Rätsel, die so mit der Presse kamen, zu lösen. So stießen wir eines Tages auf ein Preisrätsel, das dem Elektro-Journal beilag. Die Gewinne waren z.B.: Finanzierung der Stromkosten und Anderes. Also mitgemacht! Wir dachten schon gar nicht mehr daran, als wir die Nachricht erhielten, einen siebenten Preis erhalten zu haben. Die ersten Zweifel traten auf, als wir erfuhren, dass einige unserer Bekannten in der gleichen „glücklichen" Lage waren. Also doch eine Werbefahrt? Nach langem, innerem Ringen mit unseren Grundsätzen, siegten dann doch die Neugier und die Aussicht auf die angekündigte Kahnfahrt durch den Spreewald.

Also frisch und fröhlich gestartet.
Das Wetter war schön, die Laune nicht ganz so gut, denn schon beim Einsteigen in den Bus war klar, Werbefahrt pur. Aber nun waren wir doch wild entschlossen, auch einmal diese Seite des Rentnerdaseins kennen zu lernen. Also los! Erst einmal lernten wir die Gemeinden der Kreise Potsdam-Mittelmark und Teltow-Fläming kennen. Einige Orte mehrmals, da der Kraftfahrer ortsunkundig war, er aber schließlich alle Schäflein einsammeln musste.
Als wir schließlich an einer Gaststätte im Umland von

Lübben ankamen, waren wir froh, den Bus, ein etwas älteres Modell, verlassen zu können. Ein langsam immer größeres Bedürfnis konnten wir auch lösen, denn auch ich musste feststellen, dass im Alter die Blase längst nicht mehr so belastbar ist, und so lernten wir erst einmal die sehr sauberen Toiletten kennen. Der Saal der Gaststätte war ansprechend und so warteten wir auf die versprochene Gewinnverteilung, denn immerhin hatten wir ja die Zusage auf einen siebenten Preis.

Der „Gastgeber" kam und was dann folgte übertraf unsere schlimmsten Vorstellungen. Noch nie habe ich eine solche Ansammlung von pseudowissenschaftlichen Erläuterungen erlebt. Mir, die ich ein viertel Jahrhundert im Gesundheitswesen tätig gewesen bin, zog es beinahe die Stiefel aus. Dass die Medizin nicht schon darauf gekommen ist, dass sämtliche Kreislauf- und Gelenkprobleme und noch so einige Leiden mit einer einfachen Magnetdecke und Unterlage zu beheben sind, ist einfach strafbar.

Eigentlich habe ich unsere Teilnahme nicht mehr bereut, denn man muss gesehen haben, wie manche der betagten Teilnehmer mit glänzenden Augen die Schmeicheleien und Komplimente des versierten und in der Rhetorik kaum zu übertreffenden Werbevertreters regelrecht aufsaugten.

Einzelne Versuche, die Darstellungen in Frage zu stellen, wurden in einer Art abgetan, die weit unter der Gürtellinie angesiedelt war. Insgeheim habe ich Abbitte bei meiner, vor einigen Jahren im Alter von sechsundachtzig Jahren verstorbenen, Tante geleistet. Damals habe ich ungehalten reagiert, weil sie unsere Betten mit derartigen Unterlagen, Kopfkissen und Decken ausstattete und dafür den Rentenbetrag etwa eines Jahres hinlegt hatte.

Endlich kam der Höhepunkt. Als Clou wurden Reisen verlost. Fünf Tage Tschechien. Zahlbar nur die Versicherungsleistungen und eine Bearbeitungsgebühr von dreißig EURO je Nase. Wir hatten nichts gekauft, also auch nichts gewonnen. Doch unser Bekannter, der eifriger Werbefahrteilnehmer ist, hatte keine Lust so lange zu verreisen und schenkte uns seinen Gewinn. Unser Durchhaltevermögen war nun inzwischen so weit angegriffen, dass wir sein Geschenk freudig annahmen.

Das Mittagessen war preiswert und gut und die Aussicht, danach endlich doch noch die versprochene Kahnfahrt durch den Spreewald zu erleben, verleitete uns sogar zum Kauf von Geleinlegesohlen, denn es stand fest, es musste etwas geschehen. Die Magnetdecken waren in Begleitung von Kochtöpfen verkauft, eine Supermedizin auch, nur die so genannten Kleinteile mussten noch raus. Da haben wir dann noch etwas mitgeholfen. Mit den Gelsohlen, die im Übrigen nur doppelt so teuer waren wie im Handel.

Ach so, – unser Preis im Wert von einhundertfünfzig EURO wurde uns noch übergeben. Eine Aloe-Vera – Kosmetikserie. Auf dem Karton stand tatsächlich einhundertfünfzig EURO, zu erhalten im Handel für ca. siebzig EURO.

Die Kahnfahrt war schön und gab uns unser seelisches Gleichgewicht zurück. Trotzdem, schon auf der Rückfahrt über die Dörfer schworen wir uns: „Nie wieder Werbefahrt!"

Doch man soll ja niemals „nie" sagen, denn meistens kommt es ganz anders.

Erst waren wir uns uneins, denn wir mussten feststellen, dass die dreißig Euro keineswegs Versicherungsleistungen mit beinhalteten, sondern nur reine Bearbeitungsgebühren waren, die in keinem Fall zurückerstattet werden. Alles Schwindel? Ja, ja - Lehrgeld muss man manchmal zahlen, auch wenn ein Reinfall keineswegs das Ego stärkt.

Doch dann kam von einem Reisebüro ein Brief.

Reisetermin, Programm für die fünf Tage – und die Bitte, einen Sicherungsbetrag von Hundert EURO pro Person zu überweisen. Als Sicherungsbetrag, schließlich wollen auch Reiseunternehmen auf Nummer Sicher gehen. Ordentliche Anschrift in Süddeutschland, eine Telefonnummer, die auch seriös aussah. Nun waren wir wieder hin und her gerissen. Sollen wir? Sollen wir nicht? Na, einfach mal anrufen! Vielleicht bringt ein Gespräch Entscheidungshilfe. Gesagt, getan. Das Gespräch war positiv und so wanderten zweihundert EURO nach Süddeutschland.

Kommentar eines jüngeren Familienmitgliedes: „Die Dummen werden nie alle!" Oh – oh, wird man im Alter doch zu leichtgläubig? Jedenfalls hätte nicht viel gefehlt und ich wäre von da an mit gesenkten Augen durchs Leben gegangen.

Der Reisetermin rückte immer näher, doch vom Reisebüro kein Lebenszeichen. Dabei sollten doch der Abfahrtsort und die Abfahrtszeit noch per Post rechtzeitig für frohe Aufbruchsstimmung sorgen. Aber wozu gibt es das Telefon. Doch das sorgte nur für die Verstärkung der nun doch aufkommenden Zweifel. Die Rufnummer existierte nicht mehr! Uff! Aber da war ja noch die Handynummer der Firma. Keiner ging ran! Au weia! Dann kam mir die Superidee. Wir hatten ja die Versicherung des Reisebüros vom Angebot eines Versicherungspaketes. Dort angerufen – wurde ich allerdings auch nicht schlauer, denn die namhafte Versicherung hatte noch keinen Schadensfall mit dem Reisebüro gehabt und auch nur die gleichen Telefonverbindungen, zuzüglich einer 190er Nummer, wo auch keine Verbindung herzustellen war. Noch 'ne Idee. Im Telefonbuch nachsehen. Doch die neueste Version des Internets gab auch nichts her.

Drei Tage vor Abfahrtstermin die Erlösung. Ein Anruf vom Reisebüro. Die letzten Unterlagen sind unterwegs, müssten eigentlich schon bei uns sein. Dazu die Anfrage, warum wir so oft angerufen haben.

Ersichtlich aus der Anrufspeicherung des Bürohandys, was allerdings nur einmal wöchentlich abgehört wird. Nach dem ganzen Theater fehlte uns beinahe der Glaube an eine gluckliche Lösung.

Nun erst einmal Koffer gepackt, die Betreuung der Zimmerpflanzen sichergestellt und dann ging es los. Auf dem Busbahnhof angekommen, wurden die Zweifel wieder aufgefrischt. Es kamen ja viele Busse daher aber keiner, der uns nach Tschechien bringen wollte. So standen dann so ca. zwanzig reiselustige Senioren, auch etwas jüngere Leute, wie Schafe geduldig wartend im Regen. Nach 'ner guten Stunde geschah dann doch das Wunder – unser Bus kam. Stau nach einem Unfall auf der Autobahn. Nun ja – wir bekamen jedenfalls prima Plätze und waren ausgesöhnt.

Problemlos ging´s dann bis zu einer großen Gaststätte in Tschechien. Dort wurden wir mit einem Kaffee- und Kuchenangebot, natürlich gegen Bezahlung, empfangen. Ein Programm wurde vorgestellt. Eine Fahrt nach Franzensbad; nach Prag, mit einer Schifffahrt auf der Moldau; dann noch nach Marienbad. Natürlich gegen Bezahlung. Und ach so, Halbpension gegen extra Bezahlung. Man konnte die Sicherungszahlung anrechnen lassen, sodass noch siebzig EURO pro Person zu zahlen waren. Kurze Überlegung. Wir haben bezahlt, denn auch so war die Reise noch recht kostengünstig. Die für den nächsten Tag angekündigte Präsentation einiger technischer Artikel werden wir auch noch überstehen. Nach der langen Warterei, der Fahrt, der Überzeugungsarbeit für das Programm, war uns eigentlich so ziemlich alles egal. Also auf zum Hotel. Wieder in den Bus und ca. eine Stunde Fahrt.
Hotel? Das sollte ein Hotel sein? Ein großer Bau. Ungepflegter Eindruck von außen. Die letzte Renovierung muss schon Jahrzehnte zurück gelegen haben. Na - vielleicht sieht es innen besser aus. Denkste! Eine riesengroße Halle, Steinfußboden, nicht ein Stück Mobiliar. An der Seite ein großes vergittertes Fenster,

die Rezeption! Unsere, schon leicht von Müdigkeit gezeichneten Gesichter wurden immer länger, zumal die Ausweise zur Eintragung eingesammelt wurden. Der Reiseleiter, der uns im „Hotel" empfangen hatte, ein Typ aus Österreich, war auch recht wortkarg. Ein klappriger Fahrstuhl, der bestimmt schon mal besser ausgesehen hatte, brachte uns auf die Etage unserer Zimmer.

Zimmer? Die Zimmer hielten was der Bau von außen versprach. Das Beste war noch die Bettwäsche, denn sie war blütenweiß und sauber. Als Einrichtung gab es da das Hauptstück: ein Doppelbett. Der Raum darum war so eng, dass einer von uns beiseite gehen musste wenn der andere an das Fenster wollte. Doch das Fenster sollte man auch lieber nicht ansehen. Zwischen dem Verbundglas waren diverse Fliegen dem Hungertod erlegen. Eine Fliege hatte sich in der bestimmt in Ehren ergrauten Gardine verfangen und war dort verendet. Einige Fliegen konnten sich wohl nicht an der Gardine halten, sie waren abgestürzt und hatten auf dem Fensterbrett den Tod gefunden. Der Kleiderschrank ließ sich kaum öffnen, er muss sich wohl geschämt haben, dass er halb vor dem Fenster stehen musste. Aber dafür hatten wir noch einen Küchenhängeschrank und darunter eine Spüle im Zimmer. Wozu auch immer. Das Bad hatte den

Charme der siebziger Jahre und stand bestimmt unter Denkmalsschutz. Bei dieser vielfältigen Möblierung hatte man allerdings auf Sitzgelegenheiten verzichtet. Insgesamt gesehen: Eine Erfahrung die einen bleibenden Eindruck hinterließ. Im Übrigen hatten unsere Zimmernachbarn zur Komplettierung der bei uns teilweise vorhandenen Kücheneinrichtung den Herd und den Kühlschrank im Zimmer.

Nachdem wir uns vom ersten Schock erholt hatten, begaben wir uns zur Sammlung weiterer Erfahrungen in das, was in diesem Haus Foyer genannt wurde. Dort trafen wir die halbe Mannschaft unseres Busses. So viele enttäuschte, wütende Menschen hatte ich lange nicht mehr zusammen gesehen. Unser so genannter Reiseleiter konnte die Missstimmung gar nicht verstehen. Angeblich waren ja schon vor uns einige Reisegruppen ganz zufrieden gewesen. Daran fehlte uns allen allerdings der Glaube. Ich persönlich rief erst einmal meinen Sohn an. Kurze Schilderung und von ihm das Angebot: Wenn ihr wollt, hole ich euch noch heute Nacht ab. Aus zwei Gründen lehnte ich sein Angebot ab. Erstens wollte ich ihn nach einem langen Arbeitstag nicht hunderte Kilometer durch die Nacht scheuchen und zum zweiten packte mich die Neugierde, wie die Geschichte weitergeht. In Formation einer mittleren Demonstration verlangten wir, wir hatten inzwischen alle unser Gepäck wieder aus den Zimmern geholt, eine andere Unterkunft. Der Reiseleiter sagte, dass er uns überhaupt nicht verstehe und eine Ausweichmöglichkeit sowieso nicht vorhanden sei. Der Busfahrer, inzwischen auch wieder am Ort des Geschehens angekommen, versuchte seinen Boss zu erreichen, aber auch da kein positiver Bescheid. Ein Ehepaar beorderte daraufhin die Tochter, sich sofort aus dem Heimatort auf den Weg zu machen und sie abzuholen. Auf jeden Fall werden sie den Reiseunternehmer verklagen. Einige Mitreisende, im noch jugendlichen Alter, wollten im Bus übernachten und brachten mit dieser Idee den Busfahrer in die Bredouille. Einesteils wollte er uns gerne helfen, anderseits darf er keinen Reisenden im stehenden Bus übernachten lassen. So ging es hin und her.

Eine gute Stunde später: Unter den meist älteren Reisenden machte sich langsam aber sicher eine Art Verzweiflung breit. In die Zimmer wollte keiner. Hunger hatte nun inzwischen jeder. Also - was nun? Gegen den Widerstand des Ehepaares, dass abgeholt werden wollte und denen die Enttäuschung darüber, dass keiner im Freien übernachten wollte, aber alle auf jeden Fall erst einmal essen wollten, auch der Klageweg für den Augenblick jedenfalls keinen Nutzen brachte, stimmten dann alle anderen meinem Vorschlag zu, für eine Nacht die Zimmer zu akzeptieren. Wenn wir uns mit dem Verbringen der Koffer etwas beeilen, schaffen wir dann sogar noch das Abendessen. Das fand ja sowieso in einem anderen Hotel statt und war wider Erwarten sehr schmackhaft. In diesem Hotel wären wir gerne geblieben, doch die wollten uns einfach nicht. Also wieder zurück in unser etwas seltsames Hotel, dass, wie wir später erfuhren, ansonsten als Unterkunft für Bauarbeiter genutzt worden war. So wurde das Problem an diesem Abend zwar nicht gelöst – aber wenigstens vertagt. Morgen können wir dann mit frischen Kräften an der Lösung arbeiten.

Ach so – es wurde dann doch noch, jedenfalls für uns, ein ganz gemütlicher Abend. Da wir ja keine Sitzgelegenheit im Zimmer hatten, aber auch noch nicht schlafen wollten, gingen wir noch im Ort spazieren, fanden eine nette Kneipe, wo das Bier gut war. Das haben wir jedenfalls als netten Tagesabschluss genossen.

Am nächsten Morgen versammelte sich dann die ganze Reisegesellschaft, mehr oder weniger ausgeschlafen vor unserer kargen Übernachtungsstätte. Gehorsam folgten wir unserem Reiseleiter in ein anderes, dem Unterkunftsteil angegliederten Gebäude.

Dort gab es dann Frühstück. Für dieses Frühstück muss wohl ein ganz harter Diätplan Pate gestanden haben. Ein Brötchen, zehn Gramm Margarine, der Hauch einer Käsescheibe, eine Scheibe Salami, ebenfalls hauchdünn und ein kleiner Klecks Marmelade. Und das in einem Land, das für seine gute Küche berühmt ist. So lange Gesichter, wie die unserer Reisegruppe, habe ich lange nicht mehr gesehen, zumal auch der Kaffee eine „bohnenlose" Gemeinheit war.

Mit der denkbar miesesten Stimmung ging es dann mit dem Bus zur Begrüßungsgaststätte, denn dort fand die Werbeveranstaltung, genannt Präsentation von Messeartikeln, statt.
Dem psychologisch geschulten Auge des Werbechefs entging unsere, inzwischen auf dem Tiefpunkt angelangte Stimmung natürlich nicht. Da nun schlecht gelaunte Menschen auch schlechte Käufer sind, streichelte er unsere kranken Seelen mit großem Interesse für unser Missgeschick. Er verschwand für eine halbe Stunde, um uns danach mitzuteilen, dass er mit seinem Chef, dieser mit dem Reisebüro telefoniert hat und sich der Chef des Reisebüros auf den Weg macht, um unsere Situation zu überprüfen. Auf jeden Fall bekommen wir ein anderes Quartier. Nun waren wir alle glücklich. Wir, weil wir eine an-

deres Hotel bekommen sollten, der Werbechef weil glückliche Menschen begeisterte Teilnehmer jeder Werbeveranstaltung sind. Letzteres ergibt gute Verkaufszahlen. Die gab es auf jeden Fall. Die Leute hätten bestimmt noch die doppelte Menge der Waren erstanden, bzw. sich auf der Grundlage von Lieferverträgen nach Hause schicken lassen. Nur nebenbei vermerkt, zu Hause habe ich mal so recherchiert, dass die Geräte, zwar wirklich von der Qualität gut waren, aber so zwei bis drei mal teurer als bei normalem Bezug.

Nach Ende der Werbeveranstaltung konnten wir noch ein Mittagessen einnehmen. Pause. Dann ging's mit unserem Bus auf nach Franzensbad. Eine gute ortskundige Führung, herrliches Wetter und noch genügend Zeit das Flair dieses schönen Stückchen Erde zu genießen, brachte nun endlich die ersehnte Urlaubsstimmung.

Zur Abfahrt gesellten sich zwei Herren des Reisebüros zu uns und entschuldigten sich für die unzumutbare Unterkunft. Bis zwanzig Uhr müssten wir diese verlassen und in ein anderes Hotel umziehen. Dort wird es dann auch das Abendessen für alle, die Halbpension gebucht haben, geben. Allerdings konnten nicht alle im gleichen Hotel untergebracht werden.

Also los. Alles Gepäck gegriffen, Treppen runter, denn inzwischen hatte der Fahrstuhl seinen Geist aufgegeben, wieder rein in den Bus und los.

Lange später. Ich glaube wir durchquerten fast ganz Tschechien. Dann wurden unsere jüngeren Reisegruppenteilnehmer in einem Sporthotel untergebracht, die, die keine Halbpension gebucht hatten, vor einem recht einladend aussehenden Hotel abgesetzt und wir anderen im größten Hotel am Platz untergebracht. Ein großes gut ausgestattetes Zimmer mit regelrecht luxuriösem Bad. Obwohl es nun schon inzwischen einundzwanzig Uhr war, erwartete uns ein tolles Menü. Gute tschechische Küche. Richtig zum Verwöhnen.

Pech hatten die, die keine Halbpension nachgebucht hatten. Als sie sich endlich ausgemährt hatten, war überall die Küche zu und so gab es für sie die absolute Schlankheitsdiät, nämlich gar nichts mehr. Wir aber gingen froh gestimmt nach dem Genuss eines guten Glases Wein auf unser Zimmer, um uns in Morpheus Armen für den nächsten Tag, der einen Abstecher in die goldene Stadt Prag vorsah, zu stärken.

Frisch gestärkt und guter Laune machten wir uns am nächsten Morgen mit unserem Bus auf nach Prag. Erst einmal stand der Besuch einer Schmuckfabrik

auf dem Programm. Wunderschöne edle Schmuck-
stücke faszinierten uns. Allerdings nicht sehr lange,
denn ein ganzes Heer von Verkäufern stürzte sich
auf uns. Dagegen war ja unser Werbeverkäufer ein
Waisenknabe. Mir allerdings gelang es, etwas Ruhe
zum Betrachten zu bekommen. Ich hatte festgestellt,
dass zwar alle Edelsteine, gefasst in Gold oder Sil-
ber, als Ketten, Ringe Diademe und was man sich nur
wünschen konnte, vorhanden waren, aber ich ent-
deckte nichts mit Perlen. Gemeinerweise fragte ich
den nächsten, mich bedrängenden Verkäufer danach.
Er stürzte davon, wahrscheinlich um sich seinerseits
zu informieren. Ich hatte nun etwas Muße mich den
ausgestellten Schönheiten zu widmen. Danach führte
mich der Herr zu insgesamt vier Ringen, die aller-
dings einer hässlicher als der andere waren, so dass
ich ungehindert fragen konnte, ob er mir, die ich ja
dezenten Schmuck trug, so etwas zumuten würde. Er
war dann ganz traurig, ich aber recht froh gestimmt,
denn es war mir gelungen, ungehindert einen Teil
der herrlichen Schmuckstücke zu betrachten. Unsere
restliche Reisegruppe hatte sich in die Cafeteria ge-
flüchtet und sich einem kleinen Umtrunk ergeben.
Darauf musste ich aus Zeitgründen nun allerdings
verzichten. Tat ich aber gerne.
Nun auf zur Moldau. Immerhin stand eine Schifffahrt

auf der Moldau auf dem Programm. Allerdings erst in etwa einer Stunde. Zum Besuch einer Gaststätte war die Zeit zu kurz. Also ganz schnell am Schnellimbiss den Hunger stillen. Geht ja schließlich auch mal. Vor allem wenn man dabei an der Moldau steht und sich seinen Gedanken hingeben kann. Vor allem ist es ja interessant einige Teilnehmer unserer Reisegesellschaft zu betrachten.

Wir sind ja alle auf Werbeveranstaltungen mit dieser Reise beglückt worden. Das heißt, wir haben einen Teil der Kosten geschenkt bekommen. Daraus konnte man schließen, dass es nun keine ausgesprochene Luxusreise werden würde. Den tschechischen Bürgern gegenüber traten aber einige auf, als ob sie Teilnehmer einer Luxuskreuzfahrt wären. Nach der Fahrt auf der Moldau, die uns die "Goldene Stadt" von der Wasserseite zeigte, war noch Zeit für einen Bummel in der Altstadt. Ich besuchte in aller Ruhe den jüdischen Friedhof, dann noch schnell ein Andenken erstanden, zum Schluss ein Eis im Straßenkaffee rundete den Tag ab.
Der auch auf dem Programm stehende Folkloreabend war zwar nicht das gelbe vom Ei, aber bei so einer Reise kann man eben nicht nur eitel Sonnenschein erwarten.

Unsere Reise neigte sich langsam aber sicher dem Ende entgegen. Aber als Schmankerl stand noch ein Besuch von Marienbad auf dem Programm. Vor vielen Jahren war ich dort. Schon damals war ich von den Hotels und Thermaleinrichtungen begeistert, aber jetzt war ich fasziniert. Ein wunderschöner Kurort. Allerdings wohl nur für gut betuchte Kurgäste. Für uns als Teilnehmer einer Werbereiseveranstaltung nur zum Ansehen.

Nun aber ab nach Hause. Dabei gab es dann keine nennenswerten Zwischenfälle.

Wenn ich mich aber so an alles erinnere, war gerade diese Fahrt sehr interessant. Man hat die unterschiedlichsten Charaktere gesehen, wenn auch nicht näher kennen gelernt, aber doch immerhin beobachten können.

Die Schönheit Böhmens hat den Rest des Unmuts besiegt. So ganz nebenbei hatte auch diese Reise etwas Gutes, denn wir waren mit der schrecklichen Werbeveranstaltung, die so langer Zeit zurücklag, sogar etwas ausgesöhnt.

Trotzdem: "Nie wieder zu einer Werbeveranstaltung!"

Nie wieder? Denkste!

Eines Tages flatterte uns Werbung für einen Bio - Hof ins Haus. Von allen Seiten betrachtet, sah es eigentlich ganz gut aus. Es wurde ein halbes Schwein zum Kauf angeboten. Proben von Bio - Artikeln, Wurst, Käse, Butter und noch so einiges, was auf einem Bauernhof erzeugt werden konnte. Zum zehnjährigen Bestehen wollte der Hof sich zeigen und so weitere Kunden werben. Auch so mit Tombola, allerdings auch mit Werbung für einige andere Produkte.

Erst einmal haben wir das Schreiben getreu unserem Entschluss: „Nie wieder Werbeveranstaltung" fort geworfen. Na ja, wenn die Veranstaltung auf einem Bio - Hof durchgeführt wird, kann man sich ja doch mal so einen Hof ansehen. So viel Zeit wird schon sein. Also nach ein paar Tagen - Schreiben wieder herausholt und die Bestätigung abgeschickt. Kann so schlimm nicht sein, denn es war, im Gegensatz zu den anderen angekündigten Sachen, nur als eine Halbtagesfahrt offeriert. Es kamen ja noch mal so Bedenken auf. Die haben wir aber doch bei Seite geschoben. Mit etwas gemischten Gefühlen ging es dann wieder los.
Wenn wir schon mit einigem Schlechten gerechnet hatten, dass was jetzt kam, kann man nur als Albtraum bezeichnen.

Bio - Hof? Denkste! Eine Landgaststätte. Fern von irgendwelchen Sehenswürdigkeiten. Erst einmal wurden wir aufgeklärt, dass "Halbtagesfahrt", da der Tag ja schließlich vierundzwanzig Stunden hat, zwölf Stunden sind. "Boing!" Da wussten wir dann gleich, für wie dumm, an Werbeveranstaltungen teilnehmende Senioren, gehalten werden.

„Bio - Hof" - nur das Motto. Nun, das halbe Schwein hätte man ordern können. Ansonsten Werbung für Reisen (siehe unsere Reise nach Böhmen), Kaschmirbettdecke und Kopfkissen. Allerdings konnte ich daran keinerlei Materialzertifikat entdecken. Weder von der Kaschmirseite noch von der Wildseidenseite. Nur der Preis von über zweitausend EURO, am heutigen Tage, weil vielleicht heute Dienstag war, nur etwas unter tausend EURO. Dann noch eine medizinische Therapie. Unser Werbeleiter war nämlich auch geprüfter Heilpraktiker und somit der richtige Mann zur Vertretung von medizinischen Artikeln.
Eine Akupunktur- und Resonanz-Therapeutische Auflage zum stolzen Werkpreis von 1.498,00 EURO. In der Tombola wurden dann Wertschecks zu fünfhundert EURO zum Einsatz beim Kauf der Therapie vergeben und noch ein technischer Artikel als Geschenk angeboten. Noch einmal die Kaschmirartikel

mit Geschenk. Für die Reisen gab es einige Teilneh-
mer, für die Therapie ein paar weniger. Für die Kasch-
mirdecken keinen Einzigen. Bei den obligatorischen
Kleinartikeln wurde dann noch einiges gekauft. Nach
ca. sieben Stunden, kurze Mittagspause einbezogen,
hatten doch alle nur noch einen Wunsch, nicht etwa
nach Hause – nein – es gab ja noch die obligatorische
Geschenktüte. Der Inhalt diesmal: 500 g. Spaghetti
(Lidl), ein mal Eistee (Lidl), 500g Salz aus München,
eine Büchse mit 125g Jagdwurst der LUTZ – Fleisch-
waren AG aus Helmbrechts und eine Büchse 300g
Gulasch der Onimax Lebensmittel GmbH Neuruppin
und 500 g Schwarzbrot. Es muss ja wirklich ein al-
les umfassender Bio – Hof sein. Ob der, wenn es ihn
geben sollte, weiß was mit seinen Sponsorengeldern
geschieht? Vom Bio – Hof ist jedenfalls kaum ein Wort
gefallen.

Das Schlimmste jedoch war die Tatsache, dass acht-
undvierzig Teilnehmer von einem Werbeveranstalter
über sechs Stunden wie unmündige, geistig leicht
eingeschränkte Deppen behandelt wurden. Die teils
mit Worten gestreichelt, teils wie unmündige Kinder
angeschrien, zum Reden aufgefordert und gleich
wieder den Mund verboten bekamen.
Da man ja gehen könnte, nicht einmal kriminell, und

doch in meinen Augen seelische Grausamkeit.

Nach den Erfahrungen die ich gemacht habe, nach den Beobachtungen im Bus und auf den Veranstaltungen, liegt das Grundproblem weit tiefer als nur bei den skrupellosen Werbevertretern. Ich habe mich gefragt, warum so viele intelligente Senioren einen derartigen faulen Zauber immer wieder mitmachen. Auch noch freudig. Es gibt ja richtige kleine Fahrgemeinschaften, die sich nach so einem Marathon gleich für die nächste Tour verabreden. Allerdings gab es auch einige, die vom größten Schwindel des Jahrhunderts sprachen und enttäuscht waren, dass sie derartig belogen worden sind. Allerdings auch ein bisschen beschämt, dass man sich so hat reinlegen lassen.

Es gibt eben viele einsame, leider aber nicht sehr finanzkräftige Senioren, die, um hin und wieder einmal dem tristen Alltag zu entfliehen, Stunden von Psychoterror über sich ergehen lassen. Vielleicht sollten sich die, die über die Teilnehmer im Familienkreis lästern, das einmal überlegen.

Wir sind jedenfalls erst einmal geheilt. Mal sehen, für wie lange.

Vielleicht brauche ich einmal wieder Stoff für eine

Kurzgeschichte aus dem Alltag des Seniorenlebens. Doch werde ich mir diese dann lieber aus meiner ehrenamtlichen Seniorenarbeit oder auch aus anderen Bereichen des Zusammenlebens holen.

Eva-Maria Kluck

Uroma wird 80 Jahre alt.

Heute ist dieses hohe Alter gar keine Seltenheit mehr. Als unsere Uroma achtzig wurde, schrieben wir aber das Jahr 1962. Zu dieser Zeit war es schon etwas Besonderes seinen achtzigsten Geburtstag feiern zu können. Und unsere Uroma war an sich schon etwas Besonderes.

Ihr Leben war schwer. Für uns heute eigentlich beinahe unvorstellbar. Ein kleines Dorf in Pommern war ihre Heimat. Das Dorf gehörte zu einem Rittergut zu welchem auch Nutzwald gehörte. Uromas Familie arbeitete im Wald. Uroma, sie hieß Auguste, war ein hübsches Mädchen. Hatte dann aber Pech und wurde schwanger.
Der Vater des Kindes kratzte die Kurve und ließ Auguste mit ihrer kleinen Tochter Emma allein. In unserer Zeit wäre das gar kein Problem aber 1912, und dazu noch in einem kleinen Dorf, war das Geschehen zumindest für die junge Mutti eine Katastrophe. Doch dann traf sie doch noch mal die große Liebe. Sie lernte einen Mann kennen, der zwar bitterarm war, aber sie ehrlich liebte. Sie haben geheiratet und Emma bekam noch einen Bruder und eine Schwester.

Die Kinder wuchsen heran und Emma lernte einen Mann kennen, der sie heiratete. Der Mann war aus Teltow und der Junge, den Emma bekam, wurde mein Ehemann. Bis dahin vergingen aber erst einmal noch viele schwere Jahre.

Der erste Weltkrieg hinterließ auch auf dem Land seine Spuren. Viele waren arbeitslos und wanderten aus. Auch Emmas Schwester ging nach Amerika.

Der zweite Weltkrieg begann. Emma brachte ihren kleinen Sohn von Teltow nach Pommern, damit er von den beginnenden Kriegswirren verschont, bei Oma friedlich aufwachsen konnte. Eigentlich begann da schon im Vorschulalter seine Arbeit. Er half Oma und Opa bei der Waldarbeit und später half er auf dem Gut bei der Landarbeit.

Der Krieg war auch dort spürbar. Die meisten jungen Männer waren zur Armee eingezogen. So auch der Sohn von Oma Auguste. Er starb, wie es so schön hieß "für Volk und Vaterland". So blieb Oma Auguste ihr Enkelsohn Gerhard. Ihre Tochter Emma war ja sehr weit weg in fernen Teltow. Als ob das nicht schon genug Schicksalsschläge waren, kam dann die Flucht aus Pommern. Zu Fuß kamen Oma, ihr Mann und Gerhard in Teltow an.

Als ich Oma Auguste kennenlernte, war ihr Mann schon verstorben und sie wohnte in einer kleinen Notwohnung in Stahnsdorf. Sie war eine wunderbare alte Frau. Trotz aller Schicksalsschläge stand sie mitten im Leben. War lebensbejahender als ihre Tochter Emma. Man musste sie einfach gern haben.

Nun stand ihr achtzigster Geburtstag bevor. Mein Mann und ich überlegten, womit wir ihr Freude bereiten konnten. Dann hatten wir eine Idee. Eine Tagesfahrt mit unserem Trabi nach Oybin und Johnsdorf.
Natürlich auch mit ihrer Tochter Emma. Meine Schwiegermutter musste ja schließlich mit.
Für Gerhard war es anstrengend. Für seine Oma tat er aber alles. Das Wetter spielte auch mit und alles verlief nach Plan.

Wir kamen gut an und ich werde es nie vergessen. Oma wurde ganz ruhig. Gegen den Widerstand ihrer Tochter bestand sie darauf die Felsen von Johnsdorf zu sehen. Um den Berg Oybin führt ein Wanderweg. Wir hatten so unsere Bedenken, denn man brauchte eineinhalb Stunden, ihn zu bewältigen. Doch Oma marschierte los. Sie war wie in einer anderen Welt. Einfach nur glücklich.

In ihrer Heimat Pommern gab es keine Berge, in unserer Gegend auch nicht. So war es das erst Mal in ihrem Leben, dass sie ein kleines Stück Gebirge durchwandern konnte. Der Oybin ist dafür auch wunderbar. Unsere Bedenken, dass es für Oma zu schwer sein würde, waren unbegründet. Alt und gebrechlich sah sie aus. Sie zeigte uns aber, dass man, wenn man glücklich ist, alle Schwächen überwinden kann. Und Oma war selig, dass der liebe Gott ihr noch einen kleinen Ausblick in die Welt der Berge gewährt hat.

Nach einem guten Essen in Oybin ging es dann wieder mit unserem Trabi ab nach Hause. Während meine Schwiegermutter ob der Anstrengung und dem engen Sitzen in unserem kleinen Auto vor sich hin maulte, sang Oma glücklich das ganze Repertoire des Kirchenchores als Dank für diesen einmaligen Tag. Als wir sie zu Hause absetzten, hatte sie Tränen in den Augen, drückte uns noch einmal als Dank für das schönste Geburtstagsgeschenk ihres Lebens.

Nicht nur Oma war glücklich. Mein Mann und ich waren es auch, denn es war uns gelungen mit der Fahrt unserer Oma einen glücklichen Tag zu bereiten.

Eva-Maria Kluck

Rückblick

Man wird älter, blickt zurück
und stellt fest,
man hatte im Leben viel Glück.

Außer dem beruflichen Erfolg im Leben
wurden einem Zuwendungen
wie Liebe und Freundschaften geschenkt,
sie haben unser Dasein mit gelenkt.

Natürlich gab es auch schwere Zeiten,
traurige Stunden, welche schlugen Wunden,
doch wir sind daran gewachsen,
haben zu uns selbst gefunden.

In Jedermanns Leben geht es auf und ab,
glücklich ist, wer sagen kann,
„ich hab es gut gemacht".

Eva-Maria Kluck

Traudchen, Giselchen, die Bowle und die Fliegen

Ist das 'ne Mischung! Was soll daraus bloß werden? Na – ganz einfach, etwas zum Schmunzeln. Wir haben jedenfalls noch oft darüber gelacht. Aber nun der Reihe nach.

Es war das Jahr 1975 als ich in der Verwaltung einer staatlichen Einrichtung (Gesundheitswesen) angestellt war. Diese war in einem Einfamilienhaus untergebracht. Unsere Abteilung bestand aus fünf Kollegen. Nach heutiger Lesart vier Kolleginnen und ein Kollege. Wir regelten eifrig die Finanzen. Angefangen von der Lohnbuchhaltung bis hin zur Kasse, in der das Bargeld ein- und ausging. In Letztere kam natürlich auch medizinisches Personal zur Abrechnung der Reisekosten usw. So auch eine etwas ältere Krankenschwester.

Zur Erläuterung sei erwähnt, es gab damals noch eine strenge Hygieneordnung, die auch die Dienstkleidung der Schwestern festlegte. Dazu gehörte eine Haube. Weiß, mit über den Kopf gehendem festen Rand und nach hinten über die Haare ein lockerer Teil, mit oder ohne Falten. Die Falten dienten aber nicht etwa nur zur Verzierung. An den Falten konnte man den Dienstgrad der Krankenschwester erkennen. Die anderen Kleidungsstücke tragen nicht zu dieser Angelegenheit bei, sodass ich sie hier nicht weiter erwähne.

Besagte Schwester, nennen wir sie einfach mal Brigitte, war bei einem praktischen Arzt die „rechte Hand". Sie erledigte alle Arbeiten, die im Zusammenhang mit den Patienten standen. Der Arzt war sehr beliebt, doch erst musste man an Schwester Brigitte vorbei. Das war manches mal gar nicht so einfach. Kurz und gut – Schwester Brigitte hatte etwas zu bedeuten. Doch sie hatte einen ganz großen Kummer. Ihre Haube wies noch keine Falten auf. Das bedeutete, für jeden der die Rangordnung kannte, dass Brigitte, trotz ihres etwas fortgeschrittenen Alters und ihrer verantwortungsvollen Tätigkeit, noch keinen Berufsabschluss als Krankenschwester hatte.
Unser Verwaltungsleiter überredete sie deshalb in mühsamer Kleinarbeit, selbigen nachzuholen. Sie bekam natürlich alle Unterstützung und so gelang es ihr, den Abschluss zu erlangen.

Was haben nun alle oben genannten damit zu tun?

Nun – Traudchen war unsere Kassendame und hatte am meisten mit Schwester Brigitte zu tun.

Eines Tages kam nun unser Verwaltungsleiter und übergab uns ein riesiges Einweckglas mit Bowle. Traudchen, die die Bowle in Empfang nehmen sollte, war gerade nicht da und so übergab er sie uns, da sie ja bestimmt für alle Kollegen gedacht war.

Haben wir auch so gesehen. Da gerade Mittagspause war, wurden, da Gläser nicht vorhanden, die Kaffeetassen genommen und mal schon die Bowle probiert. Sie war etwas Besonderes, denn als Fruchtgrundlage war der Rumtopf verwendet worden. Kannten wir noch nicht, stellten aber fest, schmeckt sehr gut.

Doch plötzlich nahm Giselchen, unsere Buchhalterin, kurz vor dem Rentenalter und sehr kurzsichtig, den Teelöffel mit dem wir jeweils die Früchte aus der Tasse angeln wollten, mit etwas Dunklem darauf, von weitem konnte man denken, dass es eine Brombeere war, und hielt ihn sich ganz dicht vor die Augen. Nach eingehender Betrachtung meinte sie dann, ich weiß nicht genau aber ich glaube, das ist eine Fliege.

Mit Entsetzen stellten wir dann fest – es war eine Fliege. Leider auch nicht die einzige in der Bowle.

Die dicken Brummer müssen wohl irgendwie in den Rumtopf gelangt sein. Der Gedanke, dass wir vielleicht schon eine geschluckt hatte, wurde von unserer Lohnbuchhalterin mit den Warten, dass ja der Alkohol sie bestimmt desinfiziert hatte, abgetan.

Wir waren gerade dabei unsere Tassen wieder zu füllen, mit einem Teesieb verhinderten wir, dass Früchte oder Fliegen mit hinein kamen, als Traudchen wütend ins Zimmer gestürzt kam, das Glas mit der Bowle an sich riss und uns anfauchte, dass das ihre Bowle wäre. Schwester Brigitte hätte sie ihr mitgebracht. Traudchen rauschte mit der Bowle in ihren Kassenraum und wir saßen etwas verdattert da. Ein Versuch mit Traudchen zu reden war zwecklos.

Nun waren wir sauer, denn wir waren ja schuldlos an der Situation. So beschlossen wir dann, in Anbetracht, dass Traudchen ja nicht mit uns reden wollte, ihr nichts von den Fliegen zu sagen.

So haben wir nie erfahren, ob Traudchen die Fliegen auch identifiziert hat. Später haben wir noch oft über Schwester Brigittes Fliegenbowle gelacht.

Eva-Maria Kluck

Es war alles schon mal da!

Manches Mal muss man aber doch mal ansehen, was sich so verändert hat. Auf diese Idee kamen auch unsere Freunde, die nach der Wende aus unserer schönen Gemeinde, der Arbeit wegen, weggezogen sind. Bilder, die wir ihnen geschickt hatten, stifteten so einige Verwirrung. Vom Charakter unserer Gemeinde, die sich Waldgemeinde nennt, ist eigentlich nicht mehr viel zu sehen. Wo früher zwischen den Einfamilienhäusern Waldflächen waren, stehen jetzt schicke Stadtvillen oder auch Mehrfamilienhäuser.

Unsere Freunde wollten es kaum glauben, kamen uns besuchen um sich selbst zu überzeugen.

So starteten wir zur Besichtigungsfahrt. Als bestes Beispiel hatte ich den Ortsteil ausgesucht, in dem ich als Kind gelebt habe. Die Grundstücke waren dort sehr groß und eine Straßenecke war ein Waldgebiet, als Privatbesitz früher eingezäunt und gut gepflegt. Daneben hatte mein Bruder sein Einfamilienhaus.

Nach dem Ende des Krieges war als erstes der Zaun weg, viele Bäume wanderten als Wärmequelle in die Öfen der Anwohner. Doch im Laufe der Jahre wurde es zu einem Stückchen Natur, das von allen Bürgern gerne zum Abkürzen der Laufwege und auch zum

Spazierengehen genutzt wurde. Doch leider auch, damals wie heute, zum Ablegen von Abfall und Müll. Mein Bruder hatte es sich zur Aufgabe gemacht, auf "seinen Wald" zu achten und so war der kleine Wald eigentlich ganz ansehnlich.

Diese Idylle hat sich nun gründlich verändert. Das Haus meines Bruders ist nach seinem Tod abgerissen worden und in Verbindung mit dem Waldgrundstück wurde die gesamte Fläche bebaut. Nicht mehr wiederzuerkennen.

Bedrückt ob der Veränderung, die sich so in der gesamten Gemeinde vollzogen hat, saßen wir am Abend noch zusammen, um Erinnerungen auszutauschen. Es ist ja wirklich nicht einfach, allen Wünschen gerecht zu werden. Alle wollen den Fortschritt, aber ohne die Historie aufzugeben. In vieler Hinsicht ist es auch gelungen. Doch eines gibt es nach wie vor. Wo mit viel Mühe ein Stück Natur erhalten ist, oder auch ganz neu geschaffen, wird es von einigen als Ablageplatz für Abfall missbraucht. Da kam uns eine Begebenheit aus der DDR-Zeit in den Sinn. Die löste die etwas bedrückte Stimmung auf.

Es war in Werners Wald. Drei Tage vor Pfingsten. Am Abkürzungsweg sah es aus, als ob es geschneit hätte.

Ein Papiersack, vollgestopft mit Altpapier, der wohl dort abgelegt worden war, war kaputtgegangen und das Papier hatte sich auf dem Waldboden verteilt. Werner war empört und sammelte das Papier, in der Hauptsache Knüllpapier, auf. Schließlich kann der Wald ja nicht gerade zu Pfingsten so verschmutzt sein. Dabei stellte er fest, dass sehr viele Briefumschläge dabei waren. Mit Adresse. Die gehörte einem guten Genossen, der im Ortsteil der Gutbetuchten zu finden war. Das Gesicht meines Bruders veränderte sich.

Die Empörung über die Umweltverschmutzung wich einem schelmischem Lächeln. Warum, verriet er uns erst am Pfingstsonntag. Er, der sonst eigentlich nie sehr zeitig aufstand, hatte sich in der Nacht zum Pfingstsonntag, so um drei Uhr morgens, ins Auto gesetzt, war in die Nähe des guten Genossen gefahren und hatte dort über den Zaun das aufgesammelte Papier im gut gepflegten Vorgarten verteilt. Frei nach dem Motto: Es ist wieder zu Hause angekommen.

Wir haben herzhaft darüber gelacht und festgestellt, dass es leider viel zu wenig Möglichkeiten gibt, es solchen Menschen, denen es völlig egal ist was sie mit ihren Handlungen anrichten, mal heimzuzahlen. In unserer heutigen Zeit ist die Verschmutzung der

Umwelt noch viel strenger zu ahnden, denn es gibt im Gegensatz zur Vergangenheit viele Möglichkeiten den anfallenden Müll, ganz gleich welcher Art, ordentlich zu entsorgen.

Trotzdem gibt es auch jetzt noch viele Umweltsünder. Mit dem PKW die Landstraße entlang, Beifahrertür auf, Müllsack raus und Gas gegeben.
In dieser Beziehung hat sich leider die Einstellung bei einigen Bürgern nicht geändert und so kann man sagen: Es war alles schon mal dagewesen.

Eva-Maria Kluck, März 2018

Hilfe

Wir helfen aus Liebe,
aus Freundschaft,
aus Gutmütigkeit,
aus Höflichkeit
und Berechnung.

Wir helfen von Liebe getragen,
in guten, wie in schlechten Tagen.
Wir helfen mit aller Kraft,
mit dem Band, das die Freundschaft schafft.
Wir sind oft zur Hilfe bereit
aus reiner Gutmütigkeit.
Wir halten die Türe auf,
beantworten Fragen,
aus Höflichkeit
in vielen Lebenslagen.
Wir helfen aus Berechnung,
denn: helfe ich dir, hilfst du mir.
Das ist oft der Grund für Hilfe
heute und hier.

Gela, 25.09.2017

Sprichwörtliches –
anders gesprochen

Wer kennt es nicht, das folgende Sprichwort:

Dort, wo man singt,
da laß' dich ruhig nieder.
Böse Menschen kennen keine Lieder!

Leider ist das nicht ganz richtig, denn:

Dort, wo man Hetzparolen singt,
da gehe wieder.
Auch böse Menschen kennen Lieder.

Gela, 13.11.2017

Ob du klug bist,
oder ein Tor,
nimm das Leben
mit Humor!

Gela, 02.10.2017

———————— ☉ ————————

Schöpfe deine Lebenskraft
aus Taten
die das Leben schafft!

Gela, 02.10.2017

Toleranz

Verbirgt sich hinter
der Toleranz Feigheit?
– die Angst, jemanden zu verletzen?
– die Angst davor, mal „Nein" zu sagen?
– die Angst, ein Außenstehender zu sein? (zu werden)

Wie weit darf Toleranz gehen? Bis zur Selbstaufgabe?

Ich möchte es nicht erleben,
daß man aus staatlich verordneter Toleranz nicht
mehr wagt, seine eigene Meinung zu sagen.

Gela, November.2017

Rentnerdasein

Mein Arbeitsleben war nicht heiter,
doch lebt man noch als Rentner weiter.
Ich nütz' jetzt meine freie Zeit
bei passender Gelegenheit.
Ich gehe nun zu Sport und Spiel,
zum Tanzen, Wandern, zu Arbeitskreisen
wo ich meine Fitneß kann beweisen.
Das macht mir Spaß, da kann man lachen
und sich auch noch nützlich machen.
So geht mein Leben sinnvoll dahin,
bis ich vielleicht 80 bin.
Dann komm' ich sicher in ein Heim
und kriege leck'ren Haferschleim.
Weiter will ich noch nicht denken
und den schlimmen Rest mir schenken.

Gela, 15.12.2014

Krötenwanderung

Wir hatten früher in Leißling/Saale viele Kröten am Saaleufer, die dort ihre Eier legten. Die kleinen Kröten, die dort entschlüpften, die mussten aber über die Saalewiesen zum großen Bahndamm, wo die Züge von und nach Erfurt, Weimar und Gotha (Thüringen) fuhren.

Die Kröten sind dann über den Bahndamm gekrochen und mussten auf der anderen Seite wieder hinunter in Richtung Schönburger Straße zur Klosterwiese. Dort haben sie sich niedergelassen.

Weil die Kröten aber über die Schönburger Straße mussten, wurden sie oft von den Pferdefuhrwerken der Bauern überrollt. Aber sie hatten keine andere Möglichkeit, sie mussten hinüber kommen, um auf ihre Klosterwiese zu gelangen.

Wir Kinder waren damals darüber sehr ergriffen und sind nach der Schule an die Schönburger Straße gerannt, haben die Kröten hochgehoben und haben sie über die Straße zur Klosterwiese getragen.

Wir haben uns auch gar nicht geekelt. Die Kröten fassten sich nämlich gut an. Etwas rau und gar nicht glitschig, sondern warm. Sie hatten einen wunderbaren Blick, wenn man sich anschaute. Wir schauten ihnen in die Augen und sie uns. Sie waren ganz ruhig, gar nicht ängstlich. Man spürte eine Art von Dankbarkeit, als wüssten sie, dass wir ihnen helfen wollten.

Und wir, wir waren glücklich, die Tiere gerettet zu haben. Es hat uns jeden Tag beflügelt, nach der Schule nicht zu trödeln, sondern die Tiere sicher zur Wiese zu bringen, solange die Wanderung andauerte.

Wir retteten aber auch Maikäfer, die an die Hühner verfüttert werden sollten und andere Tiere, die zum Teil heute nicht mehr existieren oder selten in freier Natur zu finden sind.
Es machte uns Freude und es war ein tolles Gefühl. Diese Tierliebe ist bis heute geblieben.

Jeanette Lamprecht

Wie ein Tag im Leben alles verändern kann.

Lang ersehnt, herbei gewünscht und endlich war es nun soweit. Einschulung. Endlich mit sechs Jahren beginnt ein neuer Lebensabschnitt.
Nun wurde ich auch, wie mein älterer Bruder, Schulkind. Immerhin hatte ich schon lange darauf hin gearbeitet. Mit der ausrangierten Fibel meines Bruders hatte ich das Alphabet gelernt und konnte auch schon so einige Wörter lesen und schreiben.

So kam dann der erste Schultag. Es war schon ganz schön bedrückend. Immerhin gab es drei erste Klassen. Da konnte man schon fast den Überblick verlieren, zumal ich ja bis dahin kaum Kontakt mit anderen Kindergruppen gehabt hatte.

Im Klassenzimmer angekommen gab uns eine junge Lehrerin einen Einblick in den Schulalltag. Dann die erste Aufgabe. Jede neue Schülerin bekam ein Blatt Zeichenpapier. Einen Bleistift hatten wir ja alle in unserem Federkasten. Dann ging es los. Wir malen ein Haus. Ich war richtig glücklich, denn Malen war meine Stärke. Die erste Stunde reichte natürlich nicht aus, und so gab es die erste Hausaufgabe: das Haus zu Hause fertig malen. Fand ich prima, denn zu Hause hatte ich auch Buntstifte. Die durften wir auch nehmen. Ich arbeitete den ganzen Nachmittag, kaum dass ich den Einschulungskaffee aus Höflichkeit mitgemacht habe.

Mein Haus war auch ganz prima geraten. Es stand auf einer grünen Wiese, hatte einen Weg mit Blumenkante als Zugang und am blauen Himmel gab es ein paar weiße Wolken. Der zweite Schultag kam und ich zeigte stolz mein Bild. Wenn ich so die anderen Bilder sah, stand für mich fest: mein Haus war das schönste. War es bestimmt auch, doch für mich wurde es der schwärzeste Tag, den ich mir vorstellen konnte. Ich hätte heulen können, aber das gelang mir auch nicht.

Die Lehrerin sah mein Bild an und meinte: „Das hast du nicht allein gemalt". Als ich beteuerte, dass mir keiner geholfen hat und ich alles allein gemalt habe, sagte die Lehrerin vorwurfsvoll, dass ich nicht auch noch lügen sollte, denn so könnte kein Kind mit sechs Jahren malen und ich sollte mich für meine Lügerei entschuldigen.
Als sie später fragte ob eine denn schon Buchstaben

schreiben und lesen könnte, habe ich zwar wie alle meine Schiefertafel herausgeholt, aber nicht ein Wort mehr gesagt. So stellte sie dann fest, dass ich auch noch verstockt war.

Meine Kenntnisse des ABC's hätten mir allerdings auch nicht geholfen, denn ich hatte ja noch die Altdeutsche Schrift gelernt, aber ab diesem Schuljahr wurde die Lateinische Schrift gelehrt. Noch so ein Tiefschlag.

Zu Hause wurde ich meinen Kummer über sooo viel Ungerechtigkeit auch nicht los, denn damals war es nicht üblich, die Arbeit von Lehrern in Frage zu stellen. Meine Mutter versuchte zwar mir zu helfen, indem sie mir einen Zettel mitgab, dass ich das Haus allein gemalt habe, aber die Lehrerin zeigte keinerlei Reaktion darauf.

So wurde der Schulanfang auf den ich mich so gefreut hatte, zu einer bitteren Lehre. Ich begriff in kürzester Zeit, dass **recht haben**, noch lange nicht bedeutet **recht zu bekommen**. Auf jeden Fall war das Verhältnis zur Schule gestört und ist auch nie wieder bereinigt worden. Vielleicht war das aber auch ein Grund, warum ich eigentlich alles immer hinterfragt habe und die Schule mit sehr gutem Ergebnis abschließen konnte.

Grundlage dafür war aber auch die Tatsache, dass wir nach Ende des Krieges eine Lehrerin hatten, die es verstanden hat, auf alle Kinder einzugehen. Ganz egal ob in unserer Gemeinde behütet aufgewachsen oder als Flüchtlinge traumatisiert dazugekommen, sie hat es verstanden aus unserem wilden Haufen lernwillige Jugendliche zu machen, die zwar auch ständig Flausen im Kopf hatten, aber immer bereit waren für die Zukunft zu lernen.

Meine Zeit in dieser Schule, von 1941 bis 1949, war bestimmt prägend für die Entwicklung. Nicht nur für mich. Wir haben die Schrecken des Krieges miterlebt, das bittere Ende und den Beginn eines neuen Zeitalters. Trotz aller dieser Schwierigkeiten haben wir den ganz normalen Unterrichtstoff aufnehmen müssen.

Das Wichtigste aber war, dass wir darüber hinaus, im Sinne der Humanität erzogen worden sind.

Eva-Maria Kluck

Der Zeitgeist um das Jahr 2000

Die Zeit verändert sich.
Und mit ihr, dich und mich.
Früher bin ich brav
auf dem Weg gegangen.
Heut' kann ich nur quer
über's Feld zum Ziel gelangen.
Auch über Wiesen
muß ich neue Wege machen.
Die Blumen schonen –
das wär' ja zum Lachen!
Ich habe Hunger.
Ich muß etwas schleckern.
Ich kauf' eine Pizza,
die ist ja so lecker.
Doch wohin mit dem Verpackungsmist?
Der Abfallkorb ist voll.
Das ist ja wirklich trist.
Ich werfe einfach den Karton daneben.
So ist das heute eben.

Gela, 20.06.2018

Vom Glück eines jungen Menschen, Deutschland im 21. Jahrhundert

Vorab:

(In dramatischer Stimmlage;) "Ich weiß, dass ich nichts weiß."

Na toll. Danke Sokrates.

Also ich weiß, dass die menschliche Existenz keine Relevanz fürs Große und Ganze hat.

Was das auch immer das sein mag. Aber glücklicherweise erleichtert mich dieser Fakt mehr als dass er mich deprimiert.

Ich weiß nicht wo ich herkomme,
und weiß nicht wo ich hin geh.
Ich weiß dass ich wunderschön bin (wie jeder Mensch)
aber nichts davon seh.
Und ich weiß nicht, ob euch es reicht, was ich bin,
Ich suche seit Jahren nach einem Sinn.

Weiß nicht, ob unser Auftrag das glücklich werden ist,
weiß nicht, ob der Schlüssel du selber bist.

Vielleicht ist es ja ein anderer Mensch?
Vielleicht einer, der mich als das, was ich wirklich bin
erkennt.

Also geht es mir gut?
Wenn ja, woher kommt diese unterschwellige Wut?

Wacht auf, uns geht es weitaus schlechter als wir
denken,
was wir nur nicht bemerken, weil Despoten uns mit
Konsum ablenken,
uns täglich mit so viel Scheiße beschenken,
dass wir nicht merken wie sie uns lenken.
Womit sie uns fesseln ist Sicherheit,
der Grund warum der Mensch nicht seinen Geist be-
freit.
Der Grund warum wir hier keine Revolutionen mehr
haben,
weil wir einfach zu viel haben.
Zu viel sagen,
zu wenig machen und viel zu wenig sind!
Weil der Mensch einfach zu viel besitzt und absur-
derweise denkt er, er braucht es.
Ein Schein der uns verstummen lässt.

Weil er denkt, er braucht Geld zum Leben,

Absicherung auf all seinen Wegen,
ein Dach übern Kopf und Wasser aus dem Hahn,
so akzeptiert er die Fesseln und ergibt sich dem
Wahn.

Reflektiert nicht sein Handeln und will sich nicht
wandeln,
Lässt zu, dass die Fesseln seinen Körper verschan-
deln:

Arbeitet Nächte durch, Durschnittsleistung reicht da
nicht,
erfüll deine Pflicht oder verlier dein Gesicht!
man könnte Amphetamine nehmen,
den wilden Verstand etwas zähmen.
Merkst du schon wie dich der Druck zerfrisst?
Frag mich wie gesund das ist.

Ich will nicht mehr lernen, weil ich es muss,
dass kann ich nicht und führt nur zu Frust.
Ich will lernen, weil mich etwas interessiert,
nicht, weil mich der Druck stranguliert.

Keiner hat ne Perspektive aber alle wollen sie studieren,
und sich dann unter all den Papieren verlieren.
Um dann doch nicht zu wissen was sie wollen.

Justin aus dem Abi 2017 sagte mal: "Ich will einen Job, den ich so gerne mach, dass ich ihn vermisse, wenn ich Urlaub hab."
Das ist ein schöner Gedanke. Ey, ich will auch so'n Job.

Ich will auch einen Job, der mich so erfüllt,
und nicht nur mein Geist vermüllt.
Einen Job, der mir mehr Energie schenkt, als er mir nimmt,
ein Job, der mir Zufriedenheit bringt.

Also mit diesem unverschämten Anspruch,
liegt mein Einkommen dann wohl so bei 1200.
Schade, Kinder sind dann wohl nicht mehr drin,
die bringen heutzutage eh keinen Cent Gewinn.

Verdammt, ich dreh noch durch.

Vier Benzos und es geht schon wieder.

... Ach scheiß drauf ich studier erstmal.

Alexandra Möhring

Die Autoren:

GELA (Jahrgang 1943)
Hobbies: Theatergruppe, Wandern

Eva-Maria Kluck (Jahrgang 1935)
Siehe Seite 7

Margrit Prauß (1947)
ist in Sachsen geboren und aufgewachsen.
Beruf: Krankenschwester, Ausbildung med. Fachschule Hubertusburg Wermsdorf.
Seit 1969 wohnt sie in Teltow, hat 2 Töchter und 4 zauberhafte Enkelkinder. Sie liebte immer schon „Deutsch" in der Schule, schrieb gerne Aufsätze, später Briefe. Gedanken, Erinnerungen und Erfahrungen aus ihrem Leben zu formulieren macht ihr viel Freude und sie gibt diese gern weiter.

Alexandra Möhring
Ich bin Alex und lebe zwischen Potsdam und dem Mond.
18 Jahre bin ich alt. Mit der Schule hab ich nach der 11. aufgehört, weil ich die Hoffnung aufgab, noch irgendeine meiner großen Fragen, die ich mir immer

gestellt habe, an diesem Ort beantwortet zu bekommen. Die Neugier zog mich von der unbequemen Schulbank, schleifte mich ein paar Wochen durch Schwarztee mit Milch, bis ich dann im „freiLand" landete. Einem Kulturzentrum, einem wundervollen Ort, an welchem die Uhr einen anderen Takt schlägt. Ich hab das Gefühl, aus dieser Zeit habe ich mehr mitgenommen, als während der kompletten Oberstufe davor.

Jeanette Lamprecht (Jahrgang 1946)
Sie ist in Leißling/Saale aufgewachsen und wurde an der „DBL-Deutsche-Buchhändler-Lehranstalt-Leipzig) zur Buchhändlerin ausgebildet. In diesem Beruf arbeitete sie bis Mitte 2006. Seit 1975 war sie Buchhandlungs-Leiterin u.a. in Weißenfels, Potsdam und Neuseddin.

Seit Mitte 2006 ist sie Rentnerin, hat aber noch immer freundliche Kontakte zu Buchhändlern und Verlegern, verfolgt das Zeitgeschehen und freut sich über gemeinsame Stunden mit der Familie.

Bisher erschienen

Aus der Reihe „Perlen unserer Erinnerung" sind bereits erschienen:

„Hannas Weihnachtsengel"
erschienen 2013 im BoD Verlag

ISBN: 9783732280414
Preis: 5,00 Euro

„Begegnungen im Leben"
erschienen 2013 im BoD Verlag

ISBN: 9783732280889
Preis: 5,00 Euro

„Verlust und Wiederfinden"
erschienen 2015 im BoD Verlag

ISBN: 9783734745812
Preis: 5,00 Euro

„Elli"
erschienen 2015 im BoD Verlag

ISBN: 9783734769276
Preis: 5,00 Euro

„Mein Berlin - Mitten mang und Dichte bei"
erschienen 2015 im BoD Verlag

ISBN: 9783738613599
Preis: 5,00 Euro

„Am Wege blüht Vergissmeinnicht"
erschienen 2015 im BoD Verlag

ISBN: 9783738629262
Preis: 5,00 Euro

„Singen und Wandern - das ist unser Leben"
erschienen 2015 im BoD Verlag

ISBN: 9783738659931
Preis: 5,00 Euro

„Jahreswende - von Anfang bis Ende"
erschienen 2016 im BoD Verlag

ISBN: 9783741276798
Preis: 5,00 Euro

„Sehnsucht, Glück und Bäume"
erschienen 2017 im BoD Verlag

ISBN: 9783848257195
Preis: 5,00 Euro